# 오늘은 가능합니다

조영란 시집

시인동네 시인선 195　　　　　　　　　조영란 시집

# 오늘은 가능합니다

시인동네

시인의 말

어떻게든 살아지고
언젠가는 삶에 도착한다는 것

불안이든,
절박이든,
황홀이든,

눈에 어른거리는 것들이 아직 남아 있다면
그것들이 나를 또다시 불러낼 것이다.

시간을 믿어 볼 생각이다.

2023년 1월
조영란

차례

시인의 말

## 제1부

이면지 · 13
몽상에 가까운 · 14
당신이라는 무늬 · 16
상상 밖의 불안에게 · 18
봄꿈 · 20
간주 · 21
슬기로운 측만 · 22
싹 · 24
꾸준한 생활 · 26
개별포장 · 28
손톱 · 30
고무줄놀이 · 31
오늘은 가능합니다 · 32
나의 산책 · 34

## 제2부

텍스트 · 37

오르간 주법 · 38

보편적 · 40

눈부신 역린 · 42

저녁 무렵 · 44

생일 케이크 · 45

플랫화이트 · 46

스마일 마스크 증후군 · 48

불면에 기대어 · 50

혀 · 52

빈병 · 53

신용카드 · 54

발효 커피 · 56

침묵 활용법 · 58

방부 · 60

# 제3부

발칙한 상상 · 63

곁 · 64

그림자 · 66

거기 · 68

당분간 엘리베이터 · 70

이상한 내비게이션 · 71

돛 · 72

마음은 두고 간다고 했다 · 74

등 · 76

심부름 · 78

아카시 잎 하나씩 떼어내듯이 · 79

대숲에서 · 80

뭐가 들어 있나 귀를 열어봤어요 · 82

구절리역 · 84

## 제4부

사랑 · 87

균열 · 88

솜사탕을 녹이는 밤 · 90

구간 단속 · 92

꼬리 · 93

우산에게 · 94

꽉 다문 입들의 노래 · 96

마르지 않는 샘 · 98

주름의 이유 · 99

더딘 알람 · 100

나프탈렌을 생각하는 밤 · 102

이탈 · 104

믿을 만한 경작 · 106


**해설** 그렇게 슬픔은 생활로 나아간다 · 107
     장예원(문학평론가)

# 제1부

# 이면지

연습된 표정에 빙의 되어 살아왔으니

나의 유일한 성공은
정면이 나의 얼굴이라고 믿는 너의 오해

손에 닿는 촉감이 낯설게 느껴진 것은
굴곡진 슬픔의 근육들 때문이지

아직도 모르겠니?

뒷모습을 네가 보았다면
또박또박 새겨진 내 마음을 읽을 수 있었을 텐데

텅 빈 이면만이 나의 진실이었으므로
답하지 않음으로 답했으므로

## 몽상에 가까운


그 모든 걸 계획이었다고 하자


나무가 되어
빗방울이 건너뛴 문장을 기억해내는 일
마음 가는 쪽으로 팔을 뻗어 바람이 두고 간 이야기를 기록해 보는 일


비에 젖은 울음들이 가장 높은 음역에서 떨고 있을 때
나는 계절의 질료들을 한 잎 한 잎 기워 입고
한 뼘씩 어긋난 시간을 건너간다


발목부터 귓불까지
살뜰히 애무해주던 태양의 입술을 떠올리며
물관을 타고 흐르는 심장 박동 소리를 따라간다
그러면 나의 페이지에도 운율이 생겨날까


글썽이는 슬픔이 저마다의 색깔로 배어나온다
한 번도 가본 적 없는 방향으로 자꾸만 목이 길어지는 버릇

뒤엉킨 뿌리의 기분으로 내가 아직 여기 서 있는 것은
 숲을 떠나지 못해서가 아니라 숲이 나를 버리지 않았기 때문이다

 물끄러미 숲 한가운데 서서
 줄지어 날아가는 새들을 본다

 결말이 무성해질 때까지
 어디로도 가지 않고 어디든 가는
 그 모든 것이 계획이었던

## 당신이라는 무늬

무늬를 갖고 싶었지
리듬을 타고 형형색색의 상징을 실어 나르는
당신이라는 날개의 빛깔과 꼭 닮은

나비를 만진 손으로 눈을 비비면 눈이 먼다는 말을 들은 뒤부터
나는 나부끼는 것들이 두려웠던 아이
그러나 어디에 앉을까 자리를 고르는 날개들을 눈앞에 두고도 겁먹지 않았던 건
눈부신 무늬에 기대어 한 생을 건너갈 수 있을 거란 믿음 때문

어떻게 해야 내게도 무늬가 생길까

꽃대처럼 서서 몸을 흔들었지
오그라든 내 어깨 위에 내려앉은 당신의 날개가
접었다 펴기를 반복하며 나를 붉게 물들일 때까지

영원 속을 헤매던 당신의 눈빛과
그 눈빛에 그을린 나의 슬픔이 뭉쳐 하나가 되는
긴 입맞춤의 시간을 지나
잃어버린 계절을 찾아 떠돌던 날개의 여정이 내 몸에 새겨지고 있었지

내 안에서 끝없이 태어나고 저무는
당신이라는 무늬

## 상상 밖의 불안에게

한 마리 짐승이 계단을 오릅니다
기댈 난간도 없는 저것을 나는 불안이라 부릅니다

높이라는 말의 정점을 향해가는 네 개의 발
그 속에 감춰진 발톱은 이유 없이 자라는데
옥상은 너무 멀고 날마다 높아집니다

불안은 늘 위태롭고 기꺼이 흔들리며
최선을 다해 떨고 있으므로

아름다운 낙법을 가르쳐줘야 할까요

절정만이 찬란하다는 말에 동의하지 않습니다
다만, 발이 계단을 버리고 내려올 때
누군가는 그들의 안위를 걱정하며
흙 묻은 맨발을 털어 주리란 믿음은 있습니다

바닥을 보일 때 가장 아름다워지는 짐승에게

본능을 잊으라는 건 쉬운 일이 아니기에

나는 이제 내 곁을 어슬렁거리는 그것들이
조용히 지나가도록 기다려줍니다
누군가에게 바닥은 추락이 없는 상상 밖의 불안이기 때문
입니다

## 봄꿈

나는 돌멩이보다 먼저
고요 속의 고요에 닿아 있다

떠오르지 않아 서러운
물 밖으로 꺼내놓고 싶은 말처럼

놓친 것들과
놓아야 할 것들이 많아서

거짓 없는 슬픔에 잠겨 있다

그러나 너무 무겁지 않게
그러나 너무 가볍지 않게

## 간주

잠시라는 말은 먹먹하지만
영원이 아니어서 더 아름답지

스쳐가는 물결처럼
누구도 오래 붙잡지 못하는 순간이 있지

꽃도 노래도 흐르고 있는 것
어쩔 수 없이 가고 있는 것

아직 도착하지 않은 사람이 되어
이전을 생각하는 건 어리석은 일

되돌아봐야 할 지점에서 나는 고요를 배우게 될 거야

바람이 골목을 빠져나갈 수 있게
아침이 어둠을 지울 수 있게

## 슬기로운 측만


척추가 휘었습니다

어느 쪽으로 기울었나요? 왼쪽? 오른쪽?

지금 그게 중요한 게 아니잖아요 필요한 건 유연성이죠
더 휘기 전에
이미 휘어진 후에라도 길러야죠

중요한 건 중심입니다
코어근육을 키워야 합니다
일단 눕고 허리 밑에 알 하나가 있다고 상상해보세요
그리고 천천히 허리 중심에 힘을 주어 깨는 거죠

알 하나 깨는 건 일도 아닌데
그런다고 근육이 갑자기 생기겠어요?

반복이 이 운동의 관건입니다
알에서 부화된 날개들이

탄탄한 근력을 갖고 날아오를 때까지 매일매일 하는 거죠

알고 보면 너도 나도 모두가 측만

그러니 어딘가에 치우쳐 살아왔다면 서두르세요
한 번도 사용한 적 없는 근육이
장정처럼 일어서는 모습을 상상해 보는 겁니다

그렇게 차츰 자리를 바로 잡는 당신의 자세
내일은 좌우 없이 슬기로운 측만

싹

나는
누군가의 대리 서명이거나 본인 인증에 실패한 아이디

절망이 되기 전에
아우성이 되기 전에

고독을 힘껏 밀어올리고 있었다

함부로 나를 삭제하지 못하도록
새로운 비밀을 만들고
비밀을 만든 자신도 비밀에 부치며

연두의 이야기를 만들기 위해
어둠 속에 저장된 모든 감정을 빨아들이고 있었던 것

썩지 않기를 바라지만
썩어야 펼쳐지는 기억의 엑스파일

누구와도 공유하지 않았던 침묵에 균열이 생겼다

내가 눈부심을 앓기 시작한 날이었다

꾸준한 생활


비효율적인 근심이 밤낮을 가리지 않고 찾아오니 꽤나 당황스럽군요
개가 짖는 것은 제 탓이 아닙니다

종일 방황해도 수염이 자라지 않는 턱을 가졌습니다
행운이라고 생각하지 않습니다
매끈해 보여도 깎아야 할 데는 많으니까요

생시처럼 꿈을 꿉니다
잊으려 애써 잠들면 또다시 이어지는 꿈이 있습니다
악몽이 대수롭지 않은 평범한 일상이 되기도 합니다

알람을 놓치고 지각하는 버릇이 있습니다
진심을 흘리는 잠꼬대는 누가 깨워줄까요
숙면을 취했으니 시간은 문제 삼지 않습니다

가끔 권태가 길게 하품할 때도 있습니다
가능은 지루하고 불가능은 지치기 때문입니다

눈물이 나는 건 기분 탓일까요

시간을 낭비한 어제 때문에 오늘 후회했다 해서
내일을 미리 초조해하진 맙시다
일어나지도 않은 일에 걱정을 가불해서야 되겠습니까
무엇이든 자꾸 하면 습관이 되고 습관은 운명이 됩니다

하루도 빠짐없이 나를 쓰려고 하지만
힘에 부칠 때는 나를 건너뛸 때도 있습니다
그럼에도 꾸준한 건 뜻밖에도 생활입니다

## 개별포장

> 우리는 언젠가 친구가 될지도 모른다고 생각하며 적과 함께 살아야 하고, 언제 원수가 될지 모른다고 생각하며 친구와 함께 살아야 한다.
> ─ 라브뤼에르

저것은 이데올로기다
아니다, 저것은 관계의 역설이다

크루아상은 걸핏하면 부서지려 하고
크로켓은 설탕 묻은 꽈배기를 꺼려하고
도넛은 혼자 열심히 공허를 외치고

과도한 불안이 과대한 벽을 세우듯이
개별이라는 단어 앞에 서면 자꾸 포장하고 싶은 기분

너는 너대로
나는 나대로

경계와 구분만이 가능한 세계에서

멀어진 거리가 불러온 안도감을 아름답다 할 수 있을까

나는 포장을 뜯어내고 빵들을 한 바구니에 쓸어 담는다

속을 알 수 없는 빵들이
너도 나도 아닌
우리가 되기 위하여
서로를 끌어안는 상상을 한다

체온을 나눠야 하겠지만
짓눌리고 부서지겠지만

## 손톱

제 몸 축내는 줄 모르고 잘근잘근 씹으며
한 마리 초조한 짐승이 되어가는데도 나는 모른다

누군가의 얼굴을 할퀼 수도 있고
가려운 등을 긁어줄 수도 있는

나는 얼마나 뿌리 깊은 짐승인가

날 세운 눈빛이 가지런한 손가락을 타고 흐를 때
손톱 밑에 낀 것은 위로였을까 불안이었을까

어둠은 쉬지 않고 뿔을 키워내고
나는 그 위에 위험을 덧칠하고

잘라내도 또 무심히 되살아나는
이 밤 어디선가
손톱이 자라고 있나 보다

# 고무줄놀이

매일매일 변주되는 세계에서
미끄러지듯 리듬을 탄다

이것은 놀이가 아니다
이것은 음계,
누군가 뒤에서 불러주는 노래

내가 끊고 내가 도망친

이것은 놀이가 아니다
이것은 맥락,
뛰어넘을 때마다 높아지는 담벼락

소녀에서 숙녀로
숙녀에서 신부로
신부에서 여자로 건너가는 거대한 가교

## 오늘은 가능합니다


언제나 세계는 세워둔 벽을 시름했으므로

이제 우리가 뛰어넘을 차례입니다
두근거리는 심장을 생각해봐요

벽이 사라진다면
미래로 통하는 곧은 선과 길들이 있는* 문이 열린다면

오늘은 가능합니다

경계를 지운다는 것은 얼마나 환한 일인가요

용기를 주고받았으므로
햇살은 눈부시게 아름다운 거죠

시간이라는 욕망의 끝은 멈춤이겠지만
걸어보지 않은 길이 있어서 희망은 뛰어가는 거예요

좁은 골목 끝에 서서
삶은 자꾸 오라 오라 하고

그러니 우리 걸음을 아끼지 말아요
오해와 진실이 각자 다른 곳에서 넘어진다 해도

―――――
*헤르만 헤세, 『데미안』에서 인용.

## 나의 산책

도착할 이유보다
도착하면 안 되는

부연 설명이 많아지는 이야기와
긴 서론 같은

그늘도 없고
맥락도 없는

본문보다 더 긴 각주의 산책

편견처럼 해는 기울고
노을은 어딘가에 남겨져 재해석될 것이다

제2부

# 텍스트

어디에 밑줄을 그어야 할까
미리 읽어 갈 수도
읽어 간다 해도 쉽게 따라갈 수 없는 텍스트
뻑뻑해진 눈으로 책장을 넘긴다
색인은 손쉽고
목차는 일목요연하다
어디까지 읽었는지 몰라서
처음부터 다시 읽는다
띄엄띄엄 읽어도
거꾸로 읽어도
읽었던 곳을 되풀이해서 읽어도
독서는 쉽게 끝나지 않는다
밑줄 그을 곳을 찾는데 밑줄이 나를 긋고 있는 모순
결론이 없다는 게 어딘가 석연찮아서
그냥 다 말장난인 것만 같아서
페이지를 덮는다
새겨야 할 부분은 텍스트 밖에 있다

## 오르간 주법

검은 건반과 흰 건반 사이에서 손가락이 자라고 있습니다

나는 열 개의 손톱에 다양한 색깔의 감정들을 키웁니다
지우고 달래가며 그것을 조율이라 부릅니다

가끔 손을 건반 위에 방치하기도 하지만
오르간 뚜껑을 닫은 적은 없습니다

구부러진 손가락을 보다가 까닭 없이 슬퍼질 때
나만 너무 짧다는 생각

짧은 게 손가락뿐일까요?

손끝에서 태어나지 못하는 노래 때문에 뼈가 아팠던 시간을 떠올려봅니다
반음씩 힘겹게 올라가는 음계 위에서
겨우 한 개의 건반을 디뎠을 뿐입니다

이제 나는 왜곡된 기억을 펼쳐서
내수면이 깊어질 연주를 준비해야 합니다
페달을 누르며 늦가을의 긴 여운을 기다려보는 것입니다

거꾸로 매달려 수줍게 웃는 맨발의 음표들

손가락보다 길어진 마음이 밤새도록 건반을 두드릴 겁니다
이 독주가 언제 끝날지는 아무도 모릅니다

## 보편적

입 안에서 맴돌거나
삼켰던 말은

관념이었지

늘 모호했지만 분명한 건 나의 미각
노래도 한숨도 아닌 무색무취의 말들을 뱉어내며
보편을 추구하던 나의 입맛

와인, 휘파람, 모놀로그처럼 구체적일 수는 없을까

변방을 건너온 비바람과 눈보라를 보았지
벼랑을 향해 가는 그것들이 차라리 부러웠다고 할까

정색한 혀 위에
물기 뚝뚝 듣는 말을 올려놓으면 좋겠어

이것은 통념에 가려진 진실보다 더 진실한 날것의 맛

감미로운 저녁의 키스처럼 황홀한 맛

참 쓸쓸한 일이지
아직도 미각이 살아 있다는 게

# 눈부신 역린

그런 꿈도 있는 거야

물고기가 되어 밤하늘을 날아가는
물 밖을 기웃거리며 뻐끔거리던 입으로 휘파람을 부는
그런 날도 있는 거야

떠 있는 건 기분일까?
젖지 않는 건 생각일까?

뜬눈으로 밤을 새우던 날들이 습관이 되어버린 지금
꽁지깃이 보이지 않는다고 수군거리는
별의별 소리를 잠재울 수 있을지 모르지만

물결무늬를 구름 위에 풀어놓는 거야
입속에 돋아난 가시로 달빛을 삼키는 거야

필요 없어 미끼 따위
지울 거야 연못의 잔상

어둠 속에서 내 안에 감춰둔
한 송이 눈부신 역린을 깨우고 또 깨우는 거야

난다는 것이
추락을 품어본 적 있는 공중을 느끼는 일임을 알 때까지

## 저녁 무렵

지금 가도 요절은 아니잖아!

소실점을 향해 가면서도
담담하게 안부를 전해오던 사람

잡힐 듯 말 듯 손끝에서 흐려지는 무언가
등 뒤에서부터 젖는 마음들

믿기 힘든 불치의 어둠을 캄캄하다 할 수 없어
병든 고독을 누추하다 할 수 없어

살아 있는 누구나 시한부라서 아름답다는 관념에라도
한 번쯤 기대고 싶던 그날

슬픔도 이력이 쌓인다며 웃는 얼굴에게
절정의 풍경인 표정에게

아직 노을이 남아 있다고 말해 주고 싶었네

# 생일 케이크

파티란
생의 그늘을 지우기 위해 가끔 폭죽을 터뜨리는 일

뭣도 모르고 태어나서
뭣도 모르고 사는 것인데

지금껏 나는 왜 모른다는 것에 골몰했을까

촛불을 끄기 전에 소원을 빌며
왜 살아왔는지 모르겠으니
처음부터 다시 살아보고 싶다고

입가에 묻은 농담처럼
몰라서 즐거운 내일이 혀끝에 닿을 것 같은

# 플랫화이트

아무 일 없을 거야, 우연이 겹치지만 않는다면

눈앞에 두고도 서로를 알아보지 못한 것은
우리라는 무게 때문일 거야

내 어둠은 너무 깊고
네 숨결은 깃털처럼 유쾌해

우리 앞에 처음으로 생긴 벽, 그것은
어쩌면 낯선 침묵이거나
믿고 싶지 않은 슬픈 진실일 거야

음미할 것은 스며듦의 기술이지만
하나가 되기 위해
둘로 남기로 한 약속을 철없는 미래라 불러도 될까

어둠 속에서
희뿌옇게 내게로 건너오던 것이 너의 눈물은 아닐 거야

평화는 계속될 거야, 우연이 겹치지만 않는다면

어떤 거품이었을까
부드럽게 말을 건네던 너는

## 스마일 마스크 증후군

햇살 한 줌 오려서 얼굴에 붙이고 농담을 귀에 걸어봅니다
그늘을 가릴 수 있군요

들끓는 문장들은 속으로 삼킵니다
상징은 환상으로 밝게 빛나지만
슬픔은 과묵해서 비밀을 지킵니다

눈물을 버리고 비유를 훔쳤습니다
변명이 필요할까요?

웃음이 감쪽같이 나를 가리듯
삶도 언제나 삶인 척해서
내게 얼굴이라고 할 것은 남아 있지 않습니다

아픔은 늘 한 발 앞서고
진심은 번번이 한 발 늦으니

이제 화내는 법을 배워도 될까요

어두워져도 될까요

그래도 될까요

## 불면에 기대어

뒤척이다가 그냥 흘러갈 뿐
이 밤은 어딘가에 도착하는 것이 아니다
그러니 빛과 어둠의 순서를 정하지 말자

창을 열면 어둠을 뚫고 밀려드는
한 줄기 혼곤한 불빛
그 빛이 유일한 곁이라고 느낄 때

창밖 어딘가 나처럼 잠 못 드는 또 다른 사람이 있는가

외로움보다 열정에 가까운
그 불빛에 말없이 나의 눈빛을 포개며

당신도 깨어 있구나
혼자 활활 타오르고 있구나

지금이 몇 시냐고 물어오면
아무에게도 나의 시간을 말하지 않는다

이마를 짚어보지 않아도 온기가 거기 있듯이
생각이 생각에게 다가가 불을 밝히면
이 밤도 무엇이든 나눌 수 있다고

오랜 불면에 기대어
어쩌면 나도 누군가의 곁이 될 수 있다고

혀

함부로 들어가서도 나와서도 안 되는
한 마리 뱀

달콤한 비밀을 숨긴 채
어둠 속에서 똬리를 틀고 있던

동면에서 깨어난
몸서리치게 아름다운 보폭

붉게 휘어진 길을 따라
끈질기게 따라온다

너울너울
춤을 추며

# 빈병

뭐가 들어 있을까?
뭔가 있을 거야

빈병의 입속에 장미 한 송이를 물려준다

점점 짙어지는 장미의 빛깔
방 안 가득 퍼지는 향기

없는 물결이 출렁거린다

굳센 공허가 거름이라는 듯이

# 신용카드


신용을 잃고 급하게 어두워진 낯빛을 읽고 있다
각진 마음 모서리는 허세처럼 여전했지만
남아 있는 믿음의 유효기간은 더 이상 의미가 없다

어둠을 건너가며
공유하던 비밀은 오래전에 잊었고
가슴을 긁던 슬픔도 지워진 서명처럼 희미해졌다

어디에서 신용을 찾나?

한번 떠난 것은 쉽게 돌아오지 않는다는 것이 이곳의 불문율
한도를 초과한 맹세는
어디서 꾸어왔는지 모를 쓸쓸한 웃음을 지으며
지키지 못할 약속을 또 하고 만다
그게 고통인 줄도 모르고

골 깊은 의심만이 가장 미더웠던 날들

나는 숨죽인 안부처럼 소리 없이 늘어난
불신의 주름들을 세고 있다
갚을 생각도 없이 흘러내리는 액면 그대로의 생

바닥이 표정을 완성하고 있다

## 발효 커피

구별할 수 있겠어요?
오리지널 커피와 발효 커피의 차이를

발효 커피가 더 깊은 맛이 나는 것 같아요!
'같아요'라는 추정은 얼마나 도피하기 쉬운 통로인지
피식 웃다가 숙성되지 못한 채
시간만 끌고 있는 나의 문장들을 생각한다

수백 개의 낱말들을 커피콩처럼 새까맣게 들볶아
펄펄 끓는 세상에 뛰어들게 하는 것
진하게 우려내는 것
문장은 그렇게 태어나는 것이지

발효되기 위해 애쓴 흔적
다양성을 맛보다가 속이 아팠던 기억이 있다
그 풍미를 기다리다 내가 먼저 휘발되곤 했던 시간들

구별할 수 있을까?

오리지널 커피와 발효 커피의 차이를

역시 난 커피 맛을 몰라
몰라도 아는 척 고개를 끄덕였지만
자꾸만 딴 생각이 난다
라테라던가 믹스커피 같은

## 침묵 활용법


나보다 더 소란한 세상은 알지 못했으므로

스스로 제외된 자의 입김으로 떠들썩한 귀를 껐지

"너만 알고 있어."
"자꾸 그렇게 말하지 마! 솔깃해지잖아."

그림자를 매달고 오는 날개들을 돌려보냈지
안부를 물어올 때마다 숨을 참았지
고요를 불러올 수 있을 것처럼

출구를 찾지 못한 말들이 궁리도 없이 잠겨 있었지

그러나 과묵해진 입속에 남아 있는 달콤함은
기어이 긴 혓바닥을 찾아내곤 했지

갈 곳 없는 눈동자가 허공을 완성하듯이
잃은 입맛을 빈속이 찾아 주듯이

싱싱한 헛바늘들이 서로 몸을 비볐지
불현듯 그것들이 누군가를 찌르게 될까 봐 두려워
나는 닫은 입을 다시 닫았지

괄호처럼 묶여 괄호 밖을 기웃거리던 날들이었지

# 방부

고여 있는 것들에게선
죄의식의 냄새*가 난다

어제는 사무치고
기억은 끈질기고

힘껏 말려도 한 뼘씩 남는 어둠처럼

당신이 사랑한 건
나도 모르는 내 안의 습지

웅크린 슬픔이 썩지 않도록
오래된 그늘이 누추하지 않도록

조금 더 화사한 우울이 필요하다

---
*배영옥, 「이상한 의자」에서 차용.

제3부

## 발칙한 상상

 행운목이 있어. 목이 올라와. 아니 그리움이 올라와. 누구를 기다리는지 자꾸 목이 길어져. 알아. 웃자라는 것들 잘라 줘야 한다는 거. 뻔한 생각들 솎아내야 한다는 거. 나도 알아. 지금이 아니면 안 된다는 거. 될 수도 되어서도 안 되는 일들 베어내야 한다는 거. 행운목이 베란다 바깥을 힐끔거리네. 창을 부수고 들어오는 햇살. 들이치는 빗방울들. 깨지지 않고는 알 수 없는 슬픈 기쁨들…… 행운목의 발칙한 상상이 나를 건드려. 웃자란 것들을 붙잡고 나는 웃지. 왜 웃는지도 모르면서. 내 웃음의 절반은 까닭을 모르는 슬픔. 창밖엔 바람이 불어. 바람은 내가 모르는 곳에서 바쁘지. 창은 틈을 주지 않고 베란다는 텅 비어 있고. 가위를 들고 나는 또 웃지. 웃음이 멈추지 않아. 기쁜 슬픔이 가끔 나를 웃게 해.

# 곁

바람이라고 하면 휘청일 것 같고
소나기라고 하면 한때라는 젖은 제목만 얻을 테니

불쑥 끼어든 이름을 표현할 길 없어서
그냥 흘려보낸다

가장 가까운 곳이 가장 먼 곳이 되어버린
눈부신 날의 아득함처럼

흘려보낸 것들은 아마 영영 돌아오지 않을 것들

다 식은 슬픔을 데워주듯이
오랜 기다림을 힘껏 밀어내듯이

누군가의 체온을 깊이 숨겨놓았을 것 같은 벤치 위로
가만히 내려앉는
나뭇잎 하나

기척도 없이 와 있는 기척처럼
아무것도 보이지 않는데 느껴지는 온기처럼

기억이 고요를 헤집는 소리라면
그림자는 혼자라서 덧나는 어둠이라서
나는 한참을 두리번거린다

꼭 누군가 있는 것만 같다

# 그림자

기척도 표정도 없는 텅 빈 얼굴에게

너는 누구니?

나는 하릴없이 말을 건네기도 하고
더 이상 내 뒤를 밟지 말라고 소리치기도 해보지만
어두운 안색만이 선명한 대답이 되어 돌아올 뿐

어쩐지 너는 햇빛을 쫓다가 일그러진 내 어둠을
나 대신 뒤집어쓴 것만 같다
내가 길어지고 있다는 의심
내 안에 잠든 거인을 깨우는* 상상을 하다가
비로소 알게 된 나의 배후

쫓고 쫓기며
마침내 마주친 너를 나라고 불러도 될까

바닥은 아니었으나 바닥 같았던 시간을 함께 걸으며

영원히 분리될 수 없는 샴처럼
우리는 서로의 곁이 되어간다


있어도 없는 듯이
없어도 있는 듯이

※앤서니 라빈스, 『네 안에 잠든 거인을 깨워라』에서 변용.

# 거기

여기는 거기가 아닌 듯하니 좀 더 가야 한다

거기라는 거리를 가늠해보다가 잠이 들었다
꿈속에서도 걷고 있었다 다리가 길면 더 빨리 도착할 수 있을 텐데
내가 걷고 있다는 걸 아무도 모른다 이유도 모르고 닿고 싶었던

억압된 꿈의 해방
내 마음의 격렬비열도

어디쯤이야?

누군가 물어오면
능선에 걸터앉은 가을을 막 지났다고 할까
다가갈수록 멀어지는
아득한 나의 저편

거기는 여기가 아니고 여기는 어딘지도 모르겠고
여기도 거기도 아닌 아무 데나 주저앉아 부르튼 맨발을 주무르면서도

거기는

끝내 도착하지 않는 곳이라는 걸 나는 몰랐다

## 당분간 엘리베이터

올라간다는 것,
진짜 같은 거짓과 불편한 진실을 향해 가는

욕망은 얼마나 흔들려야 닿을 수 있는 불안의 높이일까

추락이 도사리고 있는 운명처럼
타기도 전에 올라가기 바쁜

입구이자 출구인 세계

현실과 환상 사이에 멈춰선 치명적인 오류처럼
억지로 열려고 할수록 참혹하게 닫히는 문

기적을 기다리며 비상벨을 눌렀다
내릴 곳이 있는 사람들이 나는 부러웠다

## 이상한 내비게이션

보이는 것은 벽뿐인데
보이지 않는 당신은 자꾸 직진하라고 한다

벽을 넘어 가라는 건지 뚫고 가라는 건지

외면당한 기분으로 돌아서는데
어디선가 흘러나오는 소리

경로를 이탈하여 재검색합니다

수많은 이탈자들은 모두 어디로 갔을까

저 경로는 누구를 위한 길인가
누구를 위한 구원인가

나는 목적지를 모른다
닿고 싶은 당신을 모른다

# 돛

누군가 말했죠
내가 궁핍한 이유는 저 수평선 때문이라고

한 걸음 다가가면
한 걸음 멀어지는

아득한 불안 때문이라고

누군가 또 그랬죠
부족할 게 뭐냐고

머리 위에 하늘과 몇 점 구름이 있고
떠 있을 바다가 있고
욕심껏 취할 수 있는 노을이 있는데

바람에 의한
바람을 위한

물결이 없으면 출렁임도 없고
출렁이지 않으면 뒤집힐 수모도 없다고

그런데도 자꾸만 바람이 불어와요
어쩔 수 없이 나는 앞으로 앞으로 떠밀려 가요

그거 알아요?

저 멀리 수평선은 내가 던져놓은 밧줄이라는 것
나를 꽁꽁 묶어 자꾸만 끌어당기는,

## 마음은 두고 간다고 했다

마음은 두고 간다고 했다
열린 결말처럼

그건 이별보다 더 잔인한 일

쥐고 있던 한 개의 동전을 던지며
나는 망연히
돌아온다, 돌아오지 않는다

매일매일 뒤집히는 마음을 견디며
동전 크기만큼의 믿음으로 흔들리며

앞뒤가 다른 얼굴로 굴러가는 시간 속에서

힘껏 기다리다 힘껏 멀어지듯이
불가능을 받아들이는 것
그건 불가능보다 더 쓸쓸한 일

오늘도 너는 오지 않겠지만
나는 네가 두고 간 녹슨 마음을 닦는다

들리니?
나 혼자 무렵의 말

돌아온다, 돌아온다!

# 등

등은 표정이 살아 있는 또 하나의 얼굴
싸늘하게 닫힌 문이다

누군가를 업고 가는 마음은
선잠 깬 울음을 뜬눈으로 토닥이는 것처럼 고단한 일이었다고
다 식은 체온을 몸에 새겨 넣으며
혼자 젖는 일처럼 서글픈 일이었다고

그래도 한 번만 돌아봐 줄래?

구부러진 능선 너머에는
한쪽 날개를 이식한 비익조의 꿈이 날고 있다고
아직도 두근거리는 심장 하나
등뼈 같은 레일 위를 달려오고 있다고

와락 껴안으면
그만 한 줌 흙으로 부서져버릴 것처럼

우두커니

왜곡된 기억이 거리를 좁힐 수는 없다고
휘어진 각도를 돌이킬 순 없다고
멀미를 부르는 길을 또다시 갈 수는 없다고

## 심부름

 사람을 따라가다 길을 놓쳤고 길을 따라가다 사람을 놓쳤다. 도착지를 몰랐지만 알게 된다면 왔던 길로 되돌아가게 될까 봐 지나온 발자국을 지웠다. 입간판에 홀려 따라 들어간 가게만 몇 군데인지 모르겠고. 심부름이 뭐였지? 골목은 복잡하고 기분은 넘쳐나고. 방향을 틀어도 될까? 발끝을 들고 절벽에 서 있는 것처럼 뛰어내리지 못한 생각들이 골목을 돌고 돌았다. 누가 시킨 건지도 모르는 두부 같은 건 더 이상 떠오르지 않았다.

## 아카시 잎 하나씩 떼어내듯이


있다 없다의 순서로 지우다가
슬픔처럼 앙상해지는 것

이게 마음이라면,

이 세계는 답이 있는 게 아니다
마주 보며 익혀온 세상과는 거리가 먼 자발적 소외

무심하게 뜯어낸 잎들이 바람에 흩어지자
끝도 없이 무성해지는 허공

잎 사라진 자리,

이것만이 유효하다
없음이 있음을 증명한다는 말

## 대숲에서


저 숱한 마디들을 무슨 수로 다 묘사할 것인가

뙤약볕을 걸어온 굴곡진 길이라고 할까
낡은 의자의 삐걱이는 울음이라고 할까

뼈와 뼈가 부딪히는 고통처럼
맺힌 것들이 대체로 그렇듯이

왔던 곳으로 되돌아갈 수 없는 이유
그것이 시간이라면

마디란, 거친 시간이 키워낸 짙은 그늘일 것이다

몸의 가장 허약한 곳에 내려앉아
꺾인 줄도 모르고
안간힘으로 세계를 뻗는

연골이 다 닳도록 오래 참아온 것들

비밀을 품고 단단히 여물어가는 저 깊은 한숨들

어쩌면 쓸쓸하고 혹독한 찬란

마디가 굵어진다는 것이 힘이 될 수 있지만
그 또한 생의 고된 믿음이었을 테니

## 뭐가 들어 있나 귀를 열어봤어요

두 개여서 다행이라 생각했어요
한쪽으로 담고 한쪽으로 흘린다는 말 믿었어요
질서라는 것을 느꼈으니까요

그런데 소문은 왜 아직도 떠나지 못했을까요
보이지 않는 의심들이 종일 넓은 귓속을 헤매고 있으니
형체도 없이 자라나는 이것은

몰라도 되는 이야기
모르고 싶은 이야기

잠시 턱을 괴고 있을게요

불빛 아래 쓸데없이 화려한 말을 골라냈는데
정말은 없고 설마만 있었어요

사람들은 떠났고
내 귀엔 발설할 수 없는 이명만 남아 있으니

당분간은 세상이 떠들썩하겠죠

어쩌겠어요
들으라고 열린 귀는 할 일을 할 뿐
비밀인데 비밀이 아닌 게 문제라면 문제죠

## 구절리역

헤어지고 나면 다시는 헤어질 수 없다*

내가 배회했던 곳은 누군가 두고 간 그늘이었다
그건, 들고나던 숨결을 간직하려는
철도원의 안간힘이었다

굳게 닫힌 역사에도 온기가 있다고 믿듯이
오지 않을 사람만을 영원히 기다리듯이

아직 도착하지 못했거나
서둘러 놓쳐버린 기적을 기다리며

이쪽과 저쪽 사이에 걸쳐 있는 내 마음의 궤도

끊어졌지만 끊어진 것도 아닌
유예된 약속처럼

---

*박세현 산문집 『시인의 잡담』 중에서.

제4부

## 사랑

꿈처럼
혼자 치른 전쟁이었다

깨어났다는 것에 안도했지만

폐허 속에서 이따금
결이 살아나

영원 속을 서성이곤 했다

## 균열

나는 얼마나 부서져야 할까요
완고한 문, 캄캄하게 닫힌 가슴을 두드려요
나는 나를 부수는 망치

결벽은 스스로 세웠죠
차가운 고독과 마주하려고요
문은 이제 부서지는 고통을 통해서만 열릴 거예요

텅 빈 어둠을 뚫고 건너온 울음들이
내 안에서 뜨겁게 울려 퍼지는 것을 상상해 보곤 해요

나는 기꺼이 나를 부수는 망치
불온과 불안 사이에서
심장보다 먼저 튕겨나간 모서리는 얼마나 멀리 간 걸까요

나는 수없이 깨지는 자
슬픔 쪽에 흔적이 남도록 내버려두세요
상처에서 꽃이 필 때까지

나는 나로 인해 무너집니다
영원히 금이 가는 벽,
그 틈으로 소리가 새어 나와요
누군가의 귀를 물들일 노래
한 줄기 빛처럼

## 솜사탕을 녹이는 밤


입가에 묻은 웃음으로 한때 빛났지만
움켜쥐는 사이 이내 꺼지고 마는
마음이란 것을 생각합니다

너무 가볍고
너무 허약했으니

놓지 못하여 살이 녹아내린 말들 앞에서
슬픔이 들러붙던 어느 날의 적막을 생각합니다

우리가 놓친 것들
우리를 놓친 것들

뜬구름인 줄 모르고 집착하는
어떤 아쉬움에 대해 생각해야 합니다

손끝에서 걸어 나오는 기억을 핥으며
담백해지기란 얼마나 어려운 일인지

입에서 녹는 말들을 만져보려고 가만히 눈 떠보는 하늘

지금 어딘가로 가고 있을
지금 어딘가에 멈춰 있을

구름의 여정을 생각하는 밤입니다

## 구간 단속


지켜야 할 것들은 늘 너머를 기웃거리게 합니다

길에서 길까지
주행에서 추월까지

모르는 당신과 내가
정답게 따로 가는 길이라는 텍스트

단속은 자꾸 위반을 낳는데
지금 안전하다는 건
당신과 나 사이에 뜻밖의 거리가 있다는 뜻

최고와 최저 사이에서
긴장과 이완을 되풀이하는 우리는

아직 구간 속에 있습니다만,

## 꼬리

누군가의 그림자만 보고도 네가 꼬리를 흔들 때
나는 보지 말아야 할 것을 본 것처럼

가위가 필요해
매듭이 필요해

휘말린 감정 하나에 온몸 휘청거리며
변명을 비명처럼 컹컹 짖는 것은
제 두려움을 감추려는 허세나 울분일 터

자기 꼬리 자기가 물고
빙빙 도는 허무

버리지 않으면 진화할 수 없는 이야기

잘려 나간 줄도 모르고
없는 꼬리를 흔들고 있는 너는

## 우산에게

누가 너를 부르고 있는 걸까

빗줄기가 가혹해질 때마다
아주 잠깐,
너는 비와 내연하는 사이일지도 모른다는 생각을 했어

미래는 섣부른 예감일 뿐이라며
먹구름보다 더 낮게 내려앉던 낙담처럼
고장 난 마음은 영영 펴질 것 같지 않으니

너의 시간은 어느 계절에 멈추어 있었던 것일까

어떻게 다 알 수 있겠어
휘어진 뼈가 견디고 있던 슬픔의 넓이를
하나의 날개가 되기 위해 숨죽여왔던 오랜 기다림을

그러니까 웅크리고 있지만 말고
네게 투신하는 빗방울의 뜨거운 결기를 느껴봐

미끄러지던 순간은 오늘을 사랑하는 자세 같은 것이지

잊지 마,
어딘가에 도착하기 위해서는 젖는 것이 최선이라는 거
세상 그 어떤 날개도 펼치지 않으면 날 수 없다는 거

너도 한때는 누군가의 따뜻한 품이었다는 것을

## 꽉 다문 입들의 노래

네 눈동자 속에 잠겨 있는
나를
너는 새라 부르지

갇힌 새는 기억한다
까마득한 천공 속으로 날아오르던 푸른 날갯짓

네 눈은 열려 있어도 닫혀 있어

나는 파닥거리고 다시 미끄러지고
힘껏 솟구치고 힘껏 가라앉고

마음에 마음을 더하든
마음에 마음을 빼든

가장 조용한 슬픔과
가장 떠들썩한 슬픔의 질량이 같다 해도

내가 묵직한 한 마리 울음이 될 때
그것이 나의 최선이라면

들어줄래?
부를 수 있게

부력을 상실한 깃털 속에 감춰진 천 개의 입으로

노래가 아닌 노래
꽉 다문 입들의 노래를

## 마르지 않는 샘

한 우물만 깊이 파야 해
아니, 여러 개의 우물을 팔 거야
갈등은 늘 이런 구도로 시작되었지요
삶은 넓고 황량했으니
삽을 쥐고 있는 손목에서 타오르던 내 안의 기갈
파도 파도 목이 마를 때
물이 있다 없다 아무도 알려주지 않을 때
나는 보이지 않는 수맥을 찾아 떠났어요
그러나 깊은 곳에 있는 것들은 비밀이 많고
언제나 나는 의심이 많아서 어설픈 헛손질만 해댔지요
샘을 마르지 않게 하는 건 고통일까 기다림일까
부러진 삽자루의 기분으로 힘껏 주저앉은 날
마침내 내게도 빛나는 웅덩이가 생겨났어요
결국 내가 나를 파내고
슬픔을 묻어두어야 했던 곳
출렁이는 시간 속에는 당신을 표절한 문장도 떠 있어요
나는 매일 그곳에 고이는 고요를 퍼 담고 또 퍼 담죠
두서없이 염치도 없이

# 주름의 이유


중력에 순명하는 것들은 흘러내려요
그렇게 다 흘러내려요
주저앉고 겹쳐지는 시간의 메타포
누군가는 그것을 몰락이라 말하기도 해요
맹렬하게 무너지는 세계를 거스르기 위해
물구나무서는 당신을 보고 있어요
이마에 파인 협곡 사이로 쏟아지는 폭포
'거꾸로'라는 핏발선 말 앞에서
나는 허공에 떠 있는 발들의 아름다운 착지를 생각했어요
언제 생겼는지 기억나지 않는 무수한 흔적과
부정할수록 또렷해지는 폐허는
당신이 울면서 건너온 계절
주름은 주름만큼
다져온 세상의 길이 되었으니
이제 더는 애쓰지 말아요
굴곡진 얼굴을 볼 때마다 나는
당신이 잘 살아왔다는 생각이 드는 걸요

## 더딘 알람

최대한 늦게 나를 깨우던 당신을 생각해

아직 살아갈 시간은 넉넉하다고
그러니 조금 더 절망해도 된다고

당신은 시간을 즐길 줄 아는 사람
그러나 속도엔 어두운 사람

슬픔을 목까지 끌어당긴 나의 아침은
늘 궤도 진입에 더뎠지
긴 어둠에서 풀려난 눈꺼풀 사이로
느릿느릿 걸어오는 알람 소리

늦은 걸까?

불안을 건너뛰고 의심을 건너뛰고 두려움을 건너뛰고

눈물이 나는 건,

굶주린 각오들은 몰려오는데
꺾인 발목 앞에 놓인 끝나지 않는 골목들 때문이지

헐레벌떡 매일 낯선 곳을 꿈꾼다면
이미 나는 여러 번 지나쳤는지도 몰라
그럼에도 죽을 듯 살 듯
뛰쳐나가는 내 뒤통수에 대고 당신은 말했지

밥은 건너뛰지 마라
도착한단다, 늦게라도

## 나프탈렌을 생각하는 밤

모서리를 지우고 끝내 휘발될 수밖에 없는 것
이 작고 동글동글한 것

날개 없이 날아가는 새처럼
태양을 기다려온 눈사람처럼

내가 누구야? 물으면
대답 대신 텅 빈 미소만 지으며 어제만큼 줄어든

엄마는 얼마나 남아 있을까

캄캄한 기억상실의 시간은
더없이 고요해

좀먹지 않은 고독이 유일한 자산이라는 듯

그러나 정작 서러운 일은
점점 작아진다는 시름보다

영영 사라질지 모른다는 불안

엄마의 손바닥에 내 이름을 꾹꾹 눌러쓴다
잊지 마, 하면 떠오를지 모른다는 기대처럼

# 이탈

이탈한 음들은 어디로 간 걸까

흐르는 음악은 멈출 줄 모르고
주저앉은 안색은 일어설 줄 모르고

내 슬픔의 이유는
제자리를 지켜야 한다는 강박

그러나 잘못 내디딘 헛발 하나가 새 길을 찾아내듯이
틀려 보면 알게 되지 내가 가장 부르고 싶었던 노래

떨림도 곡의 한 소절
흔들림도 리듬의 마주르카

가장 높은 음자리에서 떨고 있는 결절된 음에게
누군가 박수갈채를 보낸다

어떤 실패는 기회라고

진짜 노래는 오선지 바깥에 있다고

서서히 고개를 들고 리듬을 타기 시작하는 마이크

이탈한 음들의 불안까지 끌어 모아
마침내 완성되는 무대

## 믿을 만한 경작

슬픔의 씨앗을 본 적은 없지만
너는 한 방울의 눈물을 척박한 가슴에 심었다고 했다

신은 약속했지
울며 씨 뿌리는 자는 웃음으로 곡식 단을 들고 오리라고

눈에 보이지 않는 침묵처럼 슬픔의 뿌리는 길고 깊어

우여를 지나
곡절을 지나

메마른 감정에 물기가 돌자
수백 가지 상징으로 빼곡해지는 너의 페이지

그때 비로소 알았네

너의 모든 문장은 눈물로 찍어낸 활자들이라는 것
단 한 방울의 슬픔에서도 풍성한 은유가 눈을 뜬다는 사실

해설

# 그렇게 슬픔은 생활로 나아간다

장예원(문학평론가)

無事한世上이病院이고꼭治療를기다리는無病이꿋꿋내있다
—이상, 「紙碑」 중에서

## 1. 진짜 삶은 거짓 없는 슬픔에 있지 않을까?

대다수의 우리는 편안하고 안전한 관계와 일상이 지속되기를 바란다. 어떤 이유로든 관계에 균열이 생기고 일상에 불안이 엄습했을 때 몰아치는 슬픔 앞에서 우리는 속수무책이기 때문이다. 그러한 슬픔은 종종 우리를 방문하지만 아무리 노력하고 단련해도 익숙해지기 어렵다. 이러한 위기와 불안은 어느 날 불쑥 삶에 끼어드는 불청객이 아니다. 그것은 안전한 일상만을 소유하고픈 소망의 이면에 보란 듯이 붙어 있었던 생의 온전한 모습이다. 그리고 위기와 불안에서 오는 삶의 혼

돈은 그동안 당연한 듯 무덤덤하게 누려왔던 일상에 대해 정당한 애도를 불러일으킨다. 그 애도로 인해 우리의 감정은 또 다른 너머를 경험하면서 깊고 성숙해지기에 삶의 위기와 불안은 '만약'의 차원이 아니라 '어느 시기에 일어나느냐'라는 '시간'의 차원일 뿐이다. 마치 영화 〈인사이드 아웃〉에서 기쁨이가 태어난 후 33초 만에 슬픔이가 생겼듯이 말이다.

물론 어떤 슬픔은 그 사람을 망가뜨리기도 한다. 한 사람의 슬픔은 집안 구석구석과 가구에 먼지가 쌓이게 하고 세탁기에는 빨래가 넘쳐나게 하며, 화분의 식물을 말라비틀어지게 만든다. 때로는 슬픔에 좌초되어 극단적인 자기희생으로 생을 마감하는 경우도 있다. 그래서 우리는 생의 이면까지 함께하는 온전한 생을 대면하고 받아들이기를 망설이며 머뭇거린다. 어디 그뿐일까? 너로 하여금 "정면이 나의 얼굴"(「이면지」)이라고 믿게 하고 "웃음"으로 "감쪽같이 나를" 가려 "삶"이 "삶인 척"(「스마일 마스크」)하도록 기만한다. 그러나 그러한 태도를 우리는 쉽게 탓할 수 없다. 그것 역시 누군가에게는 삶을 지속시키기 위한 하나의 방법이며 때로는 "생의 그늘을 지우기 위해 가끔 폭죽을 터뜨리는 일"(「생일 케이크」)도 필요하기 때문이다. 그러한 기만의 근저에는 욕망이 작동한다. 지젝에 의하면 그 욕망은 아직 도달하지 않은 욕망 상태로 지속가능해야 한다. 이 때문에 우리는 도달할 수 없는 욕망의 목표로서 환상을 필요로 하며 공허라는 실재가 그 자체로 우리의 삶에 깊숙이 들어오는 것을 두려워한다. 그러나 때로는 "갈 곳 없는 눈동자가 허공을 완성"하고 "잃은 입맛을 빈속이 찾아"(「침묵 활용법」)주며 "굳센 공허를 거름" 삼아 "장미 한 송이"(「빈병」)를 피워내기도 한다. 우리는 "삶"이 삶이 되도록 내버려두는 데 익숙하지 않다. 오히려 "삶"이 "삶인 척"하는 환상과 "연습된 표정"(「이면지」)의 관념으로 질서를 연기하는 것이 익숙할 것이다.

  그러나 시인 조영란은 두렵더라도 조심스럽게 환상과 관념에서 벗어나려 애쓴다. "지켜야 할 것들은 늘 너머를 기웃거리게" 한다며 "진짜 원하는 삶은 질서 밖"(「구간 단속」)에 있을 수도 있다는 가능성을 믿고 언어적 현실로 실현해보고자 한다. 그래서 그녀는 욕망의 작동으로 '놓치지 말아야 할 것'들에 집착하기보다는 "놓친 것들과/놓아야 할 것들"에 주목하고 "거짓 없는 슬픔에 잠겨 있다"(「봄꿈」). 그러면서 고민한다. 우리가 질서를 연기하는 한, 진짜 삶은 아무도 알아채지 못한다. 그렇다면 진짜 삶은 어디에 있을까? 진짜 삶을 찾지 못하더라도 그것에 근접할 수 있는 길은 있는 것일까? 용기를 내서 길을 가다 보면 우리는 우연히 또 다른 너머로 넘어갈 수 있지 않을까? 그녀의 시는 바로 이러한 고민과 질문들에서 시작된다.

## 2. 지금 안전하다는 건 당신과 나 사이에 뜻밖의 거리가 있다는 의미

어떤 이가 대체적으로 무사한 관계와 일상을 유지하고 감정에 휘둘려 상처받고 있지 않다면, 그것은 둘 중 한 가지이다. 타자가 나의 삶 속에 너무 깊이 개입하게 되는 상황을 미연에 방지하거나 본인이 한없이 관대한 사람이면 된다. 그러나 효율성과 이해타산적인 현대 사회에서 대체적으로 전자가 많을 수밖에 없다. 우리는 이미 생존을 위한 균형감각으로 타자를 비롯한 세계와 자신에 대한 거리감각을 수없이 반복해서 연습해왔기 때문이다. 효율성을 최우선으로 하는 사회적 분위기에서 보이지 않는 과정과 경험에 대한 가치는 평가 절하된다. 우리는 과정보다는 결과를 중시하고 이 때문에 충분히 성찰하는 만큼 드러내는 것이 아니라 드러내는 만큼만 사유하고 있다. 각종 SNS를 활용하여 생활의 구질구질함은 생략한, 추상화처럼 잘 정돈된 일상만을 드러내 보이는 유행이 이를 증명한다. 이러한 현상은 어떤 측면에서 자신감의 표현이라기보다는 오히려 그 어느 곳에도 안주할 수 없는 불안의 투영이다. 또한 투명하고 청정한 일상에 대한 집착은 삶의 시간적인 서사들을 생략하고 젊음에 대한 과도한 강조로 나아간다. 이는 인간이 언제나 '절정'의 순간만을 유지해야 한다는 그릇된 욕망과 환상을 심어준다. 그것은 감정의 표현에 있어서도 그대로 적용된다. 사람들은 청정한 생활만큼이나 속된 말로 쿨하고 심플한 관계를 유지하기 위해 자신의 '상처받음'을 드러내지 않고 문제제기하지 않는다. 어쩌면 "그건 이별보다 더 잔인한 일"(「마음은 두고 간다고 했다」)일 수도 있지만 누군가는 끝나는 순간까지 관계의 균열에 대해 어떤 질문도 하지 않았음을 다행으로 여긴다. 서로의 차이를 건드리지 않고 관계의 거리감각을 유지한 채로 관계를 마무리하는 것이다.

서로를 불쾌하게 만들지도 모르는 차이에 대한 안전거리를 미리 확보하는 이러한 행위의 기저에는 관계의 균열로 인한 위기와 불안을 배제하려는 의도가 숨어 있다. 「개별포장」에서 우리는 이러한 현대인의 불안과 그로 인한 단독성에 대한 역설을 구체적으로 파악할 수 있다.

> 저것은 이데올로기다
> 아니다, 저것은 관계의 역설이다
>
> 크루아상은 걸핏하면 부서지려 하고
> 크로켓은 설탕 묻은 꽈배기를 꺼려하고
> 도넛은 혼자 열심히 공허를 외치고
>
> 과도한 불안이 과대한 벽을 세우듯이
> 개별이라는 단어 앞에 서면 자꾸 포장하고 싶은 기분

너는 너대로
나는 나대로

경계와 구분만이 가능한 세계에서
멀어진 거리가 불러온 안도감을 아름답다 할 수 있을까

나는 포장을 뜯어내고 빵들을 한 바구니에 쓸어 담는다

속을 알 수 없는 빵들이
너도 나도 아닌
우리가 되기 위하여
서로를 끌어안는 상상을 한다

체온을 나눠야 하겠지만
짓눌리고 부서지겠지만

―「개별포장」 전문

    조영란은 타자와 세계를 변화시키는 거대한 일보다 일상에서 타자의 차이를 참아내는 것이 고통스러울 수 있다는 사실을 간파하고 있다. 그 고통을 회피하기 위한 가장 쉬운 방법은 "너는 너대로/나는 나대로" 개별화하여 적당한 거리를 유지하는 것. 하지만 그녀는 이 지점에서 익숙한 방법을 뒤로하고 "멀어진 거리가 불러온 안도감을 아름답다 할 수 있을까"라고 되묻는다. 그리고 스스로 답한다. "짓눌리고 부서지겠지만", "너도 나도 아닌/우리가 되기 위하여" "서로를 끌어안는 상상"이라도 시도해봐야 하지 않겠냐고. 그녀는 '나는 너다'라는 당위를 내세우지 않는다. 또한 너도 나도 아닌 "우리"를 지향하면서도 그것조차도 우선 "서로를 끌어안는 상상을 한다"고 말할 줄 아는 타자에 대한 섬세한 배려가 있다. 모두가 '서로를 끌어안아야 한다'고 생각하지는 않기 때문이다.

강박적으로 위기와 불안을 배척하는 시도는 고정된 자아 안에 '나'를 가두는 행위이며 이는 결국 새로운 '나'를 차단하는 태도이기도 하다. 위기를 감수하지 않겠다는 것, 혹은 불안을 보유하고 싶지 않다는 것. 그것은 달리 말하면 내가 아닌 타인의 공간을 남겨두지 않겠다는 의미이다. 물론 이러한 단독성만 추구하는 태도를 우리는 이해한다. 그러나 그 사람을 안쓰럽게 여기거나 걱정하지는 않는다. 세상의 기준이 "세워둔 벽" 앞에서 시름하지만 그럼에도 불구하고 경계를 지우려는 "환한 일"을 시도하는 이에게 우리의 감정은 흐르게 되어 있다. 그리고 그러한 "용기를 주고받았"을 때 "미래로 통하는 곧은 선과 길들이 있는 문"(「오늘은 가능합니다」)이 열리는 우연의 기적은 발생한다. 그 기적은 어떤 순간일까? 어떤 모습으로 형상화할 수 있을까? 다음의 시를 보자.

나비를 만진 손으로 눈을 비비면 눈이 먼다는 말을 들은 뒤부터
나는 나부끼는 것들이 두려웠던 아이
그러나 어디에 앉을까 자리를 고르는 날개들을 눈앞에 두고도 겁먹지 않았던 건
눈부신 무늬에 기대어 한 생을 건너갈 수 있을 거란 믿음 때문

어떻게 해야 내게도 무늬가 생길까

꽃대처럼 서서 몸을 흔들었지
오그라든 내 어깨 위에 내려앉은 당신의 날개가
접었다 펴기를 반복하며 나를 붉게 물들일 때까지

영원 속을 헤매던 당신의 눈빛과
그 눈빛에 그을린 나의 슬픔이 뭉쳐 하나가 되는
긴 입맞춤의 시간을 지나
잃어버린 계절을 찾아 떠돌던 날개의 여정이 내 몸에 새겨지고 있었지

─「당신이라는 무늬」 부분

삶이란 그 어떤 부조리와 모순에도 불구하고 타자와 진정으로 교감하는 순간들이 있다면 살아낼 수 있다. 교감하는 관계가 지닌 강한 생명력과 예술적 속성을 이 시만큼 잘 설명할 수 있을까. 「당신이라는 무늬」의 시적 주체는 "나비를 만진 손으로 눈을 비비면 눈이 먼다는" 현실적인 두려움에도 "눈부신 무늬에 기대어 한 생을 건너갈 수 있을 거란 믿음"으로 "당신의 눈빛"과 "나의 슬픔이 하나가 되는" 기적적인 순간을 경험하고 몸에 새긴다. 물론 그 우연의 기적들은 찰나에 불과할 수도 있다. 그러나 우리의 감정이 내 안에 고여 있지 않고 흘러가야 제 몫을 다하듯 "바람이 골목을 빠져나갈 수 있게/아침이 어둠을 지울 수 있게", "영원이 아니어서 더 아름"(「간주」)다운 순간의 아이러니를 받아들이면 시간의 길에서 마주하는 위기의 수렁 또한 포용할 수 있게 된다. 이러한 사유들은 감정과 느낌들이 타자와의 관계성에서 촉발되는 것이고 '이해'를 넘어서는 정동들임을 깨우쳐야만 발휘된다. 이는 달리 말하면 효율성과 예측이 가능한 한결같은 상태를 지향하는 태도로는 생동감 있는 생의 이면을, 그것이 긍정적이든 부정적이든 풍부하게 경험할 수 없다는 말이기도 하다.


## 3. 기쁜 슬픔이 나를 웃게 하고 나는 조금 더 화사한 우울이 필요해

오랫동안 나를 지탱하던 희망들이 환상임을 깨달았을 때, 관계에 품었던 기대가 조금씩 닳아 사라져가는 모습을 지켜보아야만 할 때, 생의 본질을 사랑했던 사람들은 더 큰 슬픔을 느낀다. 각자의 본질을 잃은 생을 우리는 줄곧 사랑할 수 있을까. 조영란의 이번 시집 『오늘은 가능합니다』는 이렇듯 일상에서 우리가 느끼는 균열과 상실로 인한 슬픔을 여러 시편들에서 노래하고 있다. 그러한 시들은 어쩌면 익숙한 멜로디일 수 있지만 그녀의 시는 오랜 여운을 남긴다. 그것은 앞서 말했듯 우리 중 대부분이 생과의 관계에서 실패한 연인이기 때문 아닐까. 그래서 조영란은 절정만을 보여주고 싶어 하는 세상에서 "저마다의 색깔로 배어나온" "글썽이는 슬픔"(「몽상에 가까운」)에 애착을 갖는다.

> 중력에 순명하는 것들은 흘러내려요
> 그렇게 다 흘러내려요
> 주저앉고 겹쳐지는 시간의 메타포
> 누군가는 그것을 몰락이라 말하기도 해요
> 맹렬하게 무너지는 세계를 거스르기 위해
> 물구나무서는 당신을 보고 있어요
> 이마에 파인 협곡 사이로 쏟아지는 폭포
> '거꾸로'라는 핏발선 말 앞에서

나는 허공에 떠 있는 발들의 아름다운 착지를 생각했어요

언제 생겼는지 기억나지 않는 무수한 흔적과

부정할수록 또렷해지는 폐허는

당신이 울면서 건너온 계절

주름은 주름만큼

다져온 세상의 길이 되었으니

이제 더는 애쓰지 말아요

굴곡진 얼굴을 볼 때마다 나는

당신이 잘 살아왔다는 생각이 드는 걸요

—「주름의 이유」 전문

이 시에서 그녀는 "맹렬하게 무너지는 세계를 거스르기 위해/물구나무서는 당신"을 위로하고 있다. 타자가 몰락으로 슬픔에 빠진 순간에도 슬프지 않은 척 애써 '거꾸로' 서는 모습에 연민을 가지는 것이다. 우리가 불안한 이유는 나의 슬픔을 그리고 나의 불안을 이해받을 수 없으리라는 또 다른 불안 때문이다. 이 불안을 다루기 위해 조영란은 타자의 슬픔에 대한 정확한 인식을 바탕으로 "부정할수록 또렷해지는 폐허"를 대면하는 시적 작업을 수행한다. "그렇게 다 흘러내"리는 "몰락"과 그것으로 인한 "굴곡진 얼굴"에 대한 시적 형상화는 그것 자체가 곧 정확하고 정직한 위로이다. 시를 씀으로써 그

녀는 그들의 불안을 보유해주는 사람이 된다. 물론 이러한 시적 작업의 밑바탕에는 그녀의 불안을 보유받기 위함도 함께한다. 다시 말해 그녀의 불안을 누군가 이해해주기 원하는 바람 역시 있는 것이다. 그녀 역시 "골 깊은 의심만이 가장 미더웠던 날들"(「신용카드」)과 "텅 빈 어둠을 뚫고 건너온 울음"(「균열」)의 순간들을 지나왔기 때문이다. 나의 불안을 보유해줄 누군가가 존재한다는 것, 또한 내가 누군가의 불안을 보유해줄 수 있다는 것. 이러한 행위들은 처리되지 않고 호명되지 못한 채 부유하는 불안들을 언어화한다. 그럼으로써 실체 없는 원래의 불안과 그 불안을 이해해줄 이가 없다는, 이중으로 강화되어 되돌아온 불안을 완화할 수 있다. 바로 이 지점에서 슬픔은 서로를 구원할 수 있는 매개체이자 정동이 된다. 슬픔이 없다면 위로의 순간도 없기 때문이다. 그러므로 슬픔에 빠지는 일보다 더 최악의 상황은 "가슴을 긁던 슬픔도 지워진 서명처럼 희미해"(「신용카드」)지는 것이다.

    바람이라고 하면 휘청일 것 같고
    소나기라고 하면 한때라는 젖은 제목만 얻을 테니

    불쑥 끼어든 이름을 표현할 길 없어서
    그냥 흘려보낸다

가장 가까운 곳이 가장 먼 곳이 되어버린
눈부신 날의 아득함처럼

흘려보낸 것들은 아마 영영 돌아오지 않을 것들

다 식은 슬픔을 데워주듯이
오랜 기다림을 힘껏 밀어내듯이

누군가의 체온을 깊이 숨겨놓았을 것 같은 벤치 위로
가만히 내려앉는
나뭇잎 하나

기척도 없이 와 있는 기척처럼
아무것도 보이지 않는데 느껴지는 온기처럼

기억이 고요를 헤집는 소리라면
그림자는 혼자라서 덧나는 어둠이라서
나는 한참을 두리번거린다

꼭 누군가 있는 것만 같다

—「곁」 전문

위의 시는 제목 그대로 '곁'이라는 어휘에 대한 느낌을 감각적이고 깊이 있는 비유로 표현하고 있다. 인상적인 것은 시인이 분명히 존재하고 누구나 공감하지만 표현하기 모호한 상황을 언어화하려 애쓰면서도 그녀의 언어로선 도저히 어찌해볼 수 없는 대상들을 "그냥 흘려보낸다"는 서술이다. 내 곁에 머물렀거나 스쳐 지나갔던 존재들을 "바람"이나 "소나기"라고 명명하는 순간, 내 곁을 누군가에게 내주었던 시간과 추억들이 퇴색되는 아이러니를 그녀는 놓치지 않는다. 굳이 언어화하지 않아도 그 느낌과 감각은 나에게 남아 있으니 "불쑥 끼어든 이름을" "아무것도 보이지 않는데 느껴지는 온기처럼" 그대로 내버려두어 나의 곁에 온전히 머물 수 있게 한다. 이러한 태도는 앞서 말했듯 삶을 삶인 척하지 않고 삶으로 놔둘 줄 아는 용기이다. 이 용기를 획득하면 자신답게 사는 것을 겁내는 세상에서 슬프지 않은 척 위장할 필요가 없다. 이 시의 "다 식은 슬픔을 데워주듯이"라는 구문에서 알 수 있듯, 오히려 슬픔의 농도를 진하게 우려내어 맘껏 슬퍼할 수 있는 시간 동안 우리는 곁에 "꼭 누군가 있는 것만 같다"는 '함께-있음'을 경험하게 된다. 그녀는 "상처에서 꽃이 필 때까지" 스스로를 "슬픔 쪽에 흔적이 남도록 내버려"(「균열」)둘 줄 안다.

　스피노자에 의하면 슬픔이라는 감정은 인간이 "존재하고, 행위하고 살아내도록" 만드는 에너지가 될 수 있다. 슬픔은 "너도 나도 아닌" 우리의 관계에서 나와 타자의 취약성을 발

건하고 서로의 불안을 보유하게 해준다. 서로의 불안을 이해하고 보유하는 행위의 확장은 아직 우리가 되지 못한 이들에게도 지속적인 말 걸기를 통해 우리라는 연대의 지평을 넓혀가는 윤리적 책임감과 관련이 있다. 슬픔을 공유하면서 생겨나는 우리의 확장은 "너는 너대로/나는 나대로"의 단독성만 남은 세상의 질서를 흔들어 놓는 일이고 동시에 우리 안에 끊임없이 타자의 자리를 마련하면서 상호 변화의 과정을 이끌어내는 소명이 된다.

## 4. 마르지 않는 샘은 뜻밖에도 꾸준한 생활에 있다

그럼에도 타인의 위로는 잠시 내 곁을 스쳐가는 바람이며 한때 쏟아지는 소나기의 감각임은 어쩔 수 없다. 그렇다고 모든 사람이 허무주의자가 되지는 않는다. 그 순간의 감각을 포착하되, 다시 흘려보내면서도 영원으로 만드는 일에 몰두하는 사람도 있다. 그것은 각자의 몫이며 실행하는 방식 또한 다양할 수 있다. 조영란 시인이 선택한 방식은 꾸준한 생활로서의 글쓰기이다.

> 비효율적인 근심이 밤낮을 가리지 않고 찾아오니 꽤나 당황스럽군요

개가 짖는 것은 제 탓이 아닙니다

종일 방황해도 수염이 자라지 않는 턱을 가졌습니다
행운이라고 생각하지 않습니다
매끈해 보여도 깎아야 할 데는 많으니까요

생시처럼 꿈을 꿉니다
잊으려 애써 잠들면 또다시 이어지는 꿈이 있습니다
악몽이 대수롭지 않은 평범한 일상이 되기도 합니다

알람을 놓치고 지각하는 버릇이 있습니다
진심을 흘리는 잠꼬대는 누가 깨워줄까요
숙면을 취했으니 시간은 문제 삼지 않습니다

가끔 권태가 길게 하품할 때도 있습니다
가능은 지루하고 불가능은 지치기 때문입니다
눈물이 나는 건 기분 탓일까요

시간을 낭비한 어제 때문에 오늘 후회했다 해서
내일을 미리 초조해하진 맙시다
일어나지도 않은 일에 걱정을 가불해서야 되겠습니까
무엇이든 자꾸 하면 습관이 되고 습관은 운명이 됩니다

하루도 빠짐없이 나를 쓰려고 하지만

힘에 부칠 때는 나를 건너뛸 때도 있습니다

그럼에도 꾸준한 건 뜻밖에도 생활입니다

—「꾸준한 생활」 전문

「꾸준한 생활」에는 생활을 강조하는 시인의 주제의식이 드러나 있다. 지난 삶의 정신적 상흔이 설사 치유되지 못한 아픔으로 남고 미래는 그저 "악몽이 대수롭지 않은 평범한 일상"이 지속될 뿐일지라도 시인은 삶의 어두운 페이지를 부정하지 않고 슬픈 행위들을 생략하지 않는다. 이러한 태도는 「꾸준한 생활」만큼이나 그녀의 시에서 꾸준히 보이는 양상이다. 누구에게나 생을 지속하는 것이 "권태"롭고 "불가능"하다고 여겨지는 암울한 순간들이 있는 법. 그렇게 삶은 복잡하고 모순적이지만 「꾸준한 생활」의 주체는 그것을 회피하거나 단순화시키지 않는다. 삶의 매력, 아름다움은 어둠과 빛 어느 한 면에 고착되지 않아야 보이기에 "내일을 미리 초조해"하는 습관을 버리고 "생활"에 집중하라고 충고한다. 물론 이러한 충고는 최악과 최선을 무수히 오가며 반복되는 감정의 길항작용을 경험한 후 얻어진 결론이다. 즉 생의 이면에 존재하는 심연과 굴곡을 속속들이 들여다본 후 알게 된 평안함과 조화라는 말이다. 슬픔과 기쁨은 서로의 길항작용이 없다면 정화

로서의 기능을 발휘하기 어렵다. 그래서 시인은 "어느 쪽으로 기울었나요? 왼쪽? 오른쪽?"이라고 묻고 "어딘가에 치우쳐서 살아왔다면" 서둘러서 "한 번도 사용한 적 없는 근육"(「슬기로운 측만」)을 사용해 보라고 친절하게 답한다. 이것은 시인 스스로도 "입 안에서 맴돌거나/삼켰던 말"이 "관념"임을 깨닫고 "정색한 혀 위에/물기 뚝뚝 듣는 말"을 올리면 좋겠다고 나아가는 계기가 된다. 그리하여 "통념에 가려진 진실보다 더 진실한 날것의 맛"을 가진 "미각"과 "구체"(「보편적」)가 더 황홀할 수 있음을 역설하고 이것을 그녀의 시 쓰기에도 적용하려 노력한다.

> 구별할 수 있겠어요?
> 오리지널 커피와 발효 커피의 차이를
>
> 발효 커피가 더 깊은 맛이 나는 것 같아요!
> '같아요'라는 추정은 얼마나 도피하기 쉬운 통로인지
> 피식 웃다가 숙성되지 못한 채
> 시간만 끌고 있는 나의 문장들을 생각한다
>
> 수백 개의 낱말들을 커피콩처럼 새까맣게 들볶아
> 펄펄 끓는 세상에 뛰어들게 하는 것
> 진하게 우려내는 것

문장은 그렇게 태어나는 것이지
　　　　　　　　　　　　　　—「발효 커피」 부분

「발효 커피」는 시 쓰기가 어느 한 순간의 영감이나 낭만적 열정에 의한 것이기보다는 "더 깊은 맛"을 내기 위해 "수백 개의 낱말들을 커피콩처럼 새까맣게 들볶"는 생활 속 노동의 과정과도 같음을 보여주고 있다. 이러한 과정을 꾸준한 생활처럼 반복하다 보면 "진하게 우려"나온 발효된 커피 맛의 문장들이 태어나게 된다. 여기에서 주목할 점은 "숙성되지 못한 채/시간만 끌고 있는" 나의 문장들은 아래의 「싹」이라는 시에서 알 수 있듯, "연두의 이야기를" 드러내기 위해 어둠 속 감정을 빨아들이며 발효되고 있는 중이라는 사실이다. 온전히 썩어서 제대로 발효되어야만 제대로 정화된 감정과 기억들로 탈바꿈할 수 있다. 그것들은 온전히 삭아서 앙금이 모든 가라앉은 후에 그제야 여리고 가벼운 새싹처럼 세상 밖으로 머리를 내민다. 이는 나의 글이 비로소 세상과의 공유, 말하자면 "눈부심을 앓기 시작"한 날이 열리기 직전의 찬란한 어둠에 대한 언어화이다. 정리하자면 「싹」은 그 자체가 그녀의 문장들이 여물어 태어나는 순간들을 연두의 이야기를 통해 구체적인 감각으로 표현한 비유이기도 하다.

　　연두의 이야기를 만들기 위해

어둠 속에 저장된 모든 감정을 빨아들이고 있었던 것


　　썩지 않기를 바라지만
　　썩어야 펼쳐지는 기억의 엑스파일


　　누구와도 공유하지 않았던 침묵에 균열이 생겼다


　　내가 눈부심을 앓기 시작한 날이었다
—「싹」부분


　이제 순간을 흘려보내면서도 지속가능하게 만드는 조영란만의 방식은 분명해 보인다. 그녀가 "파도 파도 목이" 말라 찾아 헤매던 "빛나는 웅덩이"는 "결국 내가 나를 파내고/슬픔을 묻어두어야 했던 곳"에 있었다. 물론 그 "출렁이는 시간 속에는 당신을 표절한 문장"도 있었다. 그럼에도 아랑곳하지 않고 "두서없이 염치도 없이", "매일 그곳에 고이는 고요를 퍼 담고 또 퍼 담"(「마르지 않는 샘」)는 습관을 만드는 것, 마치 꾸준한 생활과 운동처럼 말이다. 근원적인 허무로 인해 삶은 슬픈 것이지만 그 슬픔은 기쁨이기도 하다. 슬픔의 어둠을 영양분 삼아 자라는 여리고 밝은 연두의 싹이 곧 그녀의 문장이기 때문이다. 이렇듯 슬픔이 문장으로 바뀌는 순간들이 쌓이면서 어둠의 감정들은 삶의 기쁨으로 재탄생한다. 그렇게 슬픔은 문장이 되면서 생활로 나아간다. 그것은 삶에 대한 의심과 헛발질에서 스스로를 구원하고 생의 이면을 포함한 삶 전체를 향해 현재진행형의 애틋한 시선을 보낼 수 있게 한다. 또한 그 애틋한 시선은 누군가의 무덤덤한 표정이 얼마나 지독한 것들이 삭아 가라앉고 있는 중인지를 민감하게 포착한다. 그녀는 안다. "無事한 世上이 病院이고 꼭 治療를 기다리는 無病이 끗끗내 있다"는 사실을.

시인동네 시인선 195

# 오늘은 가능합니다
ⓒ 조영란

| | |
|---|---|
| 초판 1쇄 발행 | 2023년 1월 12일 |
| 초판 2쇄 발행 | 2023년 6월 9일 |
| 지은이 | 조영란 |
| 펴낸이 | 김석봉 |
| 디자인 | 헤이존 |
| 펴낸곳 | 문학의전당 |
| 출판등록 | 제448-251002012000043호 |
| 주소 | 충북 단양군 적성면 도곡파랑로 178 |
| 전화 | 043-421-1977 |
| 전자우편 | sbpoem@naver.com |

ISBN  979-11-5896-581-5  03810

*이 책의 판권은 지은이와 문학의전당에 있습니다.
*양측의 서면 동의 없는 무단 전재 및 복제를 금합니다.
*잘못 만들어진 책은 바꿔드립니다.
*이 시집은 2021년 한국문화예술위원회 아르코문학창작기금에 선정되어 제작되었습니다.
*이 시집은 〈2023년 문학나눔 도서보급사업〉에 선정되었습니다.